Inhalt

Risikocontrolling im Kreditwesen - neue Anforderungen und neue Aufgabengebiete

Kernthesen

Beitrag

Fallbeispiele

Weiterführende Literatur

Impressum

Risikocontrolling im Kreditwesen - neue Anforderungen und neue Aufgabengebiete

Robert Reuter

Kernthesen

- Die MaRisk-Novelle 2012 schreibt den Kreditinstituten relativ detailliert vor, wie sie Risikocontrolling zu betreiben haben.
- Auch die Einrichtung von Compliance-Stellen, die die Einhaltung von Regeln und Gesetzen überwachen, wird zur Pflicht.
- Noch keinen Eingang in die MaRisk für Banken hat die Behandlung von Reputationsrisiken gefunden.
- Wie das Beispiel der HypoVereinsbank zeigt, kümmern sich aber immer mehr

Kreditinstitute selbst um das spezielle Risiko, den eigenen guten Ruf zu verspielen.

Beitrag

Neue Anforderungen an das Risikocontrolling

Die aufsichtsrechtlichen Mindestanforderungen an das Risikomanagement von Banken (MaRisk) sind nach den Novellen 2009 und 2010 auch in diesem Jahr ergänzt und weiter ausgeführt worden. Die neuen Anforderungen kommen diesmal nicht aus Basel oder von der EU, sondern von der europäischen Bankenaufsicht EBA. Nach den neuen MaRisk müssen die Kreditinstitute einen zukunftsgerichteten Kapitalplanungsprozess einrichten, um so den langfristigen Bedarf für Risikodeckungspotenzial frühzeitig zu identifizieren. Zweitens wurden die MaRisk um die Anforderung ergänzt, in der Bank eingesetzte Risikoquantifizierungsverfahren kritisch zu analysieren. Einmal jährlich werden die zuständigen Mitarbeiter in den Geldinstituten die zur Risikoquantifizierung eingesetzten Methoden und Verfahren nun einer Prüfung unterziehen müssen.

Normiert wird ab diesem Jahr auch der Einsatz des

Controllings für das Risikomanagement. Ab diesem Jahr sind die Kreditinstitute dazu verpflichtet, Risikocontrolling durchzuführen. Ferner legen die MaRisk fest, dass das Risikocontrolling von allen Bereichen zu trennen ist, die mit der Geschäftstätigkeit der Bank zu tun haben. Da das Risikocontrolling nicht in einer einzigen Abteilung gebündelt sein muss, sondern an mehreren Stellen des Hauses installiert sein darf, sprechen die MaRisk unscharf von einer "Controlling-Funktion". Deren Aufgabe besteht darin, den Gesamtüberblick über die Risiken im Haus zu gewährleisten, diese gegenüber dem Vorstand zu kommunizieren und ihn in allen risikorelevanten Fragen zu beraten. Erstellt werden wird der Gesamtüberblick freilich nicht von einer der kleinen Controllingeinheiten, sondern von einer zentralen Stelle im Hause.

Zudem schreibt die Novelle vor, dass der Leiter des Risikocontrollings auf einer ausreichend hohen Führungsebene anzusiedeln ist. Für internationale Großbanken bedeutet dies nach jetzigem Stand der Interpretation, dass der Controllingleiter dem Vorstand angehören müsste. In kleineren Banken und Sparkassen dürfte die zweite oder höchstens dritte Ebene der Hierarchie im Institut gemeint sein. Prinzipiell wirkt die Novelle damit darauf hin, das Controlling aus der Ecke herauszuholen, in der es in manchen Instituten vor sich hindämmert. (8)

Compliance wird Pflicht

Erstmalig werden die Banken seit diesem Jahr darauf verpflichtet, zur Sicherstellung der Befolgung von Regeln und Gesetzen Compliance-Stellen einzurichten. Wie beim Risikocontrolling sprechen die Regulierer auch hier von einer Compliance-"Funktion", um den Banken freie Hand darin zu lassen, wie sie das Thema im eigenen Haus behandeln wollen. Ziel der Compliance-Funktion ist die Reduktion des Risikos, das sich aus der Nichteinhaltung relevanter rechtlicher Regelungen und Vorgaben ergeben kann. Zudem sind die mit Compliance befassten Mitarbeiter mit der Aufgabe betraut, die Umsetzung gesetzlicher Richtlinien im Unternehmen zu kontrollieren. Auch die neue MaRisk-Compliance muss auf der Leitungsebene der Banken angesiedelt sein. (8)

Reputationsrisiken - wenn das Ansehen von Unternehmen schwindet

Von den MaRisk nicht dezidiert genannt sind Reputationsrisiken. Unter der Reputation eines Unternehmens versteht man den Ruf, den die Firma bei den sogenannten Anspruchsgruppen wie Kunden, Lieferanten, der Gesellschaft und dem Staat genießt. Da die Reputation den Unternehmenswert sowohl positiv als auch negativ beeinflussen kann, berührt sie Interessen sowohl von Stake- wie von Shareholdern. Bestimmt wird der Ruf von der Kompetenz des Unternehmens sowie von seiner Integrität und Glaubwürdigkeit.

Risikomanager zählen das Reputationsrisiko zu jenen Gefährdungen, die am schwierigsten zu beherrschen sind. Unter dem Kürzel "RepRisk" haben Reputationsrisiken - denen infolge der Finanzkrise Banken besonders ausgesetzt sind - bereits Eingang in die Mindestanforderungen an das Risikomanagement von Versicherungsunternehmen gefunden. In den MaRisk an Banken finden sie sich hingegen noch nicht. Gleichwohl werden Reputationsrisiken auch von Kreditunternehmen immer stärker beachtet und in das eigene Risikomanagement integriert. Echte Reputationsrisiken zeichnen sich dadurch aus, dass sie eine deutliche und nachhaltige Beeinträchtigung der Geschäftstätigkeit und/oder der Ertragschancen der Bank zur Folge haben. Reputationsverluste können entstehen, wenn Regeln missachtet werden, so dass ein Reputationsmanagement dann nah an die Überwachung von Compliance rückt. Es gibt allerdings auch Risiken, die ohne Brechung von

Regeln eingegangen werden können, wie etwa die hoch riskanten Bankgeschäfte vor 2008. (1), (2), (3), (5)

Ein Betätigungsfeld für Controller

Da die Disziplin noch immer recht jung ist, besteht über ein Controlling von Reputationsrisiken immer noch viel Unklarheit. Zugleich wird die Zahl der betreffenden Risiken täglich größer, insbesondere durch die immer stärkere Verbreitung sozialer Medien wie Facebook und Twitter. Die Frage nach einem Social-Media-Controlling wird in letzter Zeit in immer mehr Aufsätzen behandelt und könnte überleiten zu einem Reputations-Controlling, das die Beachtung sozialer Medien miteinschließt. RepRisk-Experten - von denen es so viele noch gar nicht gibt - raten, Mitarbeiter auf allen Hierarchieebenen in die Vermeidung solcher Risiken einzubinden, wozu es allerdings einer entsprechenden Risikokultur im ganzen Unternehmen bedarf. Zudem müsse das Risikocontrolling-Instrumentarium so ausgebaut werden, dass es auch zu Reputationsrisiken konsistente Zahlen liefern kann. Einer aktuellen Studie zufolge präferieren die Banken selbst eine Verbindung mit dem Controlling für operationelle Risiken, da Reputationsrisiken meistens genau hier entstünden. (3), (4)

Trends

Den guten Ruf gut versichern

Der Versicherungskonzern Allianz hat eine Versicherung explizit gegen Reputationsrisiken auf den Markt gebracht. "Allianz Reputation Protect" übernimmt im Fall einer dramatischen Imagekrise die Kosten für Krisenkommunikation und strategische Beratung. Damit sticht die Allianz in eine Marktlücke hinein, denn RepRisk-Versicherungen für Unternehmen hat es bisher noch nicht gegeben. Der betroffene Kunde kann im Schadensfall unter drei Agenturen auswählen, die die Krisenkommunikation übernehmen können. Brunswick, CNC und Hill + Knowlton Strategies verfügen jeweils über ein weltweites Netzwerk und bieten einen 24-Stunden-Service. Auch die Kosten für taktische Maßnahmen wie Medienbeobachtung, Pressearbeit und Anzeigenschaltung sind gedeckt, und zwar bis zu einer Summe von zehn Millionen Euro. Viele Gedanken hat sich die Allianz auch darum gemacht, was eigentlich eine Reputationskrise ist und ob schon ein Shitstorm im Internet hierzu zu zählen ist. Zu der Police gehört daher die individuelle Festlegung von RepRisk-Auslösern, die auf die Situation des jeweiligen Unternehmens zugeschnitten sind. (6)

Fallbeispiele

RepRisk-Controlling in der HypoVereinsbank

Die HypoVereinsbank hat ihr Reputationsrisiko-Management und -Controlling deutlich ausgeweitet. Zu dem Paket aus professionellen Operational-Risk-Governance-Strukturen gehört auch ein direkter Dialog mit den Anspruchsgruppen. Hierdurch ist die Bank permanent über ihr Ansehen in der Öffentlichkeit informiert. (7)

Weiterführende Literatur

(1) IMAGEPFLEGE Reputation ist Chefsache
aus Schweizer Bank Nr. 12 vom 19.11.2012 Seiten 29 - 28

(2) Einbettung des RepRisk in die Bankprozesse Quellenverzeichnis sowie weiterführende Literaturhinweise:
aus RISIKO MANAGER Nr. 09 vom 26.04.2012

(3) Risikokultur im Unternehmen muss RepRisk-Prozesse unterstützen Finanzaufsicht will Funktion der OpRisk-Manager stärken

aus RISIKO MANAGER Nr. 11 vom 24.05.2012

(4) Bei Reputationsrisiken stehen Banken noch am Anfang
aus Börsen-Zeitung, 10.08.2012, Nummer 153, Seite 4

(5) Nachhaltigkeits-Rating von Bankanleihen Steueroasen werden für Institute schnell zum Reputationsrisiko
aus Betriebswirtschaftliche Blätter, Juli 2012, Nr. 07, S. 373

(6) Hilfe, wenn der Ruf leidet
aus werben & verkaufen Nr. 39 vom 27.09.2012, S. 24 - 25

(7) Reputationsrisiko-Management: Best Practice bei der HVB
aus Die Bank, Heft 12/2012, S. 50-54

(8) MaRisk-Novelle 2012 Neue Anforderungen an Risikomanagement und Compliance
aus Betriebswirtschaftliche Blätter, November 2012, Nr. 11, S. 633

Impressum

Risikocontrolling im Kreditwesen - neue Anforderungen und neue Aufgabengebiete

Bibliografische Information der deutschen Nationalbibliothek

Die Deutsche Nationalbibliothek verzeichnet diese Publikation in der deutschen Nationalbibliografie; detaillierte bibliografische Daten sind im Internet über http://dnb.d-nb.de abrufbar.

ISBN: 978-3-7379-0111-6

© 2015 GBI-Genios Deutsche Wirtschaftsdatenbank GmbH, Freischützstraße 96, 81927 München, www.genios.de

Alle Rechte vorbehalten. Dieses Werk ist einschließlich aller seiner Teile – z.B. Texte, Tabellen und Grafiken - urheberrechtlich geschützt. Jede Verwertung außerhalb der Grenzen des Urheberrechtsgesetzes bedarf der vorherigen Zustimmung des Verlags. Dies gilt insbesondere auch für auszugsweise Nachdrucke, fotomechanische

Vervielfältigungen (Fotokopie/Mikroskopie), Übersetzungen, Auswertungen durch Datenbanken oder ähnliche Einrichtungen und die Einspeicherung und Verarbeitung in elektronischen Systemen.